12 Mai 1890. V

VENTE APRÈS DÉCÈS

Des Lundi 12, Mardi 13 et Mercredi 14 Mai 1890

HOTEL DROUOT, SALLE N° 2

A DEUX HEURES

BEAUX BIJOUX

BRILLANTS, PIERRES DE COULEUR, PERLES

ARGENTERIE DE FANNIÈRE ET DE CARDEILHAC

Fourrures, Dentelles, Éventails

BELLES TAPISSERIES D'APRÈS BOUCHER ET HUET

Beaux Ameublements de FOURDINOIS

BRONZES DE BARBEDIENNE ET DE PAILLARD

EXPOSITION PUBLIQUE

Le Dimanche 11 Mai 1890, de 1 heure 1/2 à 5 heures 1/2

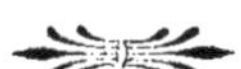

Me G. DUCHESNE

COMMISSAIRE-PRISEUR

Successeur de Me ESCRIBE

Rue de Hanovre, n° 6

M. A. BLOCHE

EXPERT

Près la Cour d'appel

Rue de Châteaudun, 25

PARIS — 1890

IMPRIMERIE MAULDE ET RENOU

A. MAULDE & Cie

IMPRIMEURS DE LA COMPAGNIE DES COMMISSAIRES-PRISEURS

Rue de Rivoli, 144

CATALOGUE

DE

BEAUX BIJOUX

MONTÉS DE

BRILLANTS, PIERRES DE COULEUR, PERLES

Argenterie de Fannière et de Cardeilhac

BELLES FOURRURES, DENTELLES, ÉVENTAILS

CHARMANTE SUITE DE TAPISSERIES ANCIENNES

A sujets dans le goût de Boucher et Huet

BEAUX AMEUBLEMENTS

De Salle à manger, Cabinet de travail et Chambre à coucher
provenant des Ateliers de FOURDINOIS

ARMOIRES ANCIENNES, MEUBLES EN MARQUETERIE

BRONZES DE BARBEDIENNE ET DE PAILLARD

Tableaux, Objets d'art, Porcelaines
Appareils photographiques, Livres, Rideaux, Tapis, Linge
Coffres-forts, etc.

DONT LA VENTE AUX ENCHÈRES PUBLIQUES AURA LIEU

APRÈS DÉCÈS

HOTEL DROUOT, SALLE N° 2

Les Lundi 12, Mardi 13 et Mercredi 14 Mai 1890

A DEUX HEURES

Me DUCHESNE	M. A. BLOCHE
COMMISSAIRE-PRISEUR	EXPERT
Successeur de Me ESCRIBE	*Près la Cour d'appel*
Rue de Hanovre n° 6	Rue de Châteaudun, 25

EXPOSITION PUBLIQUE

Le Dimanche 11 Mai 1890, de 1 heure 1/2 à 5 heures 1/2

CONDITIONS DE LA VENTE

Elle sera faite au comptant.

Les Acquéreurs paieront, en sus des adjudications, CINQ CENTIMES PAR FRANC applicables aux frais.

Aucune réclamation ne sera admise une fois l'adjudication prononcée.

A. MAULDE et Cie, imprimeurs de la Cie des Commissaires-Priseurs, rue de Rivoli, 144. 800—5578

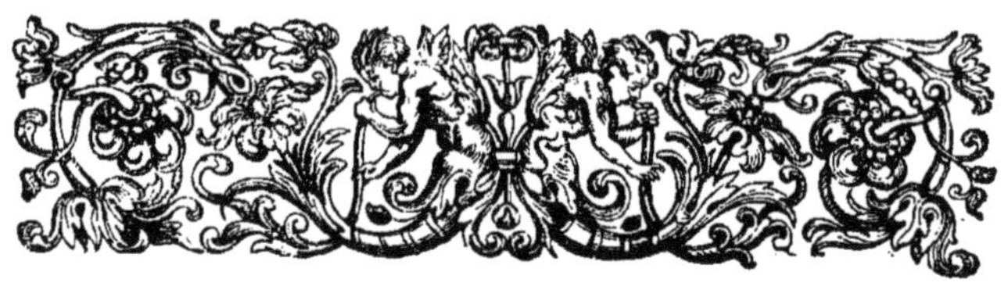

DÉSIGNATION

BIJOUX

1 — Beau Collier composé de 69 brillants et 278 petits brillants.

2 — Beau Bracelet composé de 35 brillants et 140 petits brillants.

3 — Belle paire de Pendants d'oreilles, composés chacun, d'un bouton en brillant et d'une pendeloque forme poire reliée au bouton par trois petits brillants et une calotte en rose, et composée d'un brillant mobile avec un entourage de 12 brillants et un second entourage en roses.

4 — Grande Etoile à douze branches, en brillants et roses, avec bélière en roses.

5 — Deux autres Étoiles de même forme, plus petites.

6 — Deux autres Étoiles, plus petites encore.

7 — Bracelet en or repercé, ciselé et émaillé, avec plaque ornée d'un camée entouré de roses.

8 — Paire de Boucles d'oreilles en or repercé, ciselé et émaillé, montées chacune d'un camée entouré de roses et surmonté d'un brillant.

9 — Pendant de cou, camée Tête de femme entouré de roses, avec bélière en roses.

10 — Croix composée de 6 perles fines entourées chacune de 8 brillants et 10 petites perles, avec bélière de 6 brillants.

11 — Bague marquise composée de 18 brillants, avec entourage en petites roses et 2 brillants sur le corps.

12 — Bague montée d'une émeraude entourée de 10 brillants et 2 brillants sur le corps.

13 — Bague montée d'un beau rubis entouré de 8 brillants.

14 — Bague montée d'une perle entourée de 12 petits brillants et 4 brillants sur le corps.

15 — Broche fer à cheval montée de 15 saphirs, de brillants et de roses.

16 — Paire de Boutons d'oreilles montés chacun d'un saphir cabochon entouré de 12 brillants et d'un second entourage en roses.

17 — Paire de Pendants d'oreilles composés chacun d'une perle entourée de roses et d'une pendeloque formée d'une peinture sur émail entourée de roses, avec pampille d'une perle.

18 — Paire de Boucles d'oreilles composées chacune d'une grosse perle fine.

19 — Broche barrette en perles, brillants et roses, avec guirlandes et pendeloque en perles et roses.

20 — Trois Boutons de chemise montés chacun d'une perle.

21 — Trois autres, montés d'un petit saphir.

22 — Épingle de cravate or et émail, représentant un Buste de femme en costume Henri II.

23 — Épingle marguerite en perle et roses.

*

24 — Épingle, camée entouré de 4 brillants et 24 roses.

25 — Épingle, œil-de-chat tenu par une serre d'aigle.

26 — Epingle, grosse perle fine.

27 — Épingle montée d'un brillant.

28 — Épingle mosaïque.

29 — Belle Montre-Chronomètre à remontoir en or, de Aspe à Paris; cadran indiquant les heures, les minutes, les secondes, les jours de la semaine, les quantièmes et les mois.

30 — Montre à remontoir, boîte et cuvette or.

31 — Chaîne et Clef en or, avec monnaie turque en or.

32 — Deux autres Chaînes en or.

33 — Paire de Boutons de manchettes or et onyx.

34 — Paire de Boutons doubles de manchettes et trois Boutons de chemise en or émaillé.

35 — Quantité d'autres Bijoux en or, montés de diamants, perles, corail, strass, etc.

ARGENTERIE

36 — Beau Surtout de table en argent ciselé de Fannière frères, composé de quatre grands Pieds de compotiers décorés de groupes d'oiseaux et de fleurs, et douze petits Pieds de compotiers, décor à feuillages et fruits, avec les Plateaux en cristal gravé.

37 — Service à thé en argent ciselé de Cardeilhac, composé de Théière, Cafetière, Pot à lait et Sucrier.

38 — Service à thé en argent de Cardeilhac, bordure à perles, composé de Théière, Cafetière, Pot à lait et Sucrier.

39 — Jolie Cafetière style Louis XV, en argent ciselé à guirlandes de fruits et feuillages.

40 — Pot à lait en argent ciselé, bec à mascaron d'hommes barbus.

41 — Sucrier en argent ciselé, à grappes de raisin et feuilles de vigne, avec cuiller. Travail de Cardeilhac.

42 — Deux Salières Louis XVI, argent étranger.

43 — Deux Bouts-de-Table en argent ciselé à guirlandes. Style Louis XVI.

44 — Grand Plat ovale en argent de Cardeilhac, bordures à perles.

45 — Autre Plat ovale, plus petit. Même travail.

46 — Six Plats ronds de différentes dimensions. Même travail.

47 — Deux Légumiers avec couvercles en argent ciselé de Cardeilhac, anses et boutons à branchages et feuillages.

48 — Vingt-quatre Couverts de table, quinze Cuillers à café argent avec chiffre A. C.

49 — Dix-huit Couteaux de table, dix-sept Couteaux à dessert à lames d'acier, et douze Couteaux à dessert à lames d'argent, le tout à manches d'ivoire.

50 — Deux Couteaux à fromage et un Service à salade montés en ivoire.

51 — Boîte contenant vingt-quatre Fourchettes de table, six Cuillers de table, six Couverts d'entremets en argent, et dix-huit Couteaux de table à manche d'ivoire, six Couteaux à dessert à manches en nacre et lame d'acier et six autres à lame d'argent.

52 — Boîte contenant vingt-quatre Couteaux de table, douze Couteaux à dessert à lames d'argent et à manches d'ivoire.

53 — Sac de voyage en cuir garni d'ustensiles de toilette et de flacons avec bouchons en argent et métal argenté.

54 — Grande Fontaine à thé en argenture. Style Louis XVI.

55-56 — Plateaux ovales et rectangulaires et diverses autres Pièces en argenture

FOURRURES, DENTELLES, ÉVENTAILS

57 — Une Pelisse d'homme fourrée castor naturel et garnie kamtchatka.

58 — Une autre, fourrée marmotte.

59 — Une très belle Garniture zibeline.

60 — Un Carré de manchon garni en zibeline.

61 — Une Jaquette loutre garnie kamtchatka.

62 — Une Garniture en queue de zibeline.

63 — Un Polost en ours.

64 — Un grand Tapis tigre encadré de mouton noir.

65 — Une Pelisse drap, fourrée chat russe, col kamtchatka.

66 — Un Paletot loutre.

67 — Diverses autres Pièces de fourrures : garnitures, carrés, toques, bonnet, cols en loutre, castor, skungs, kamtchatka, astrakan, renard noir, etc.

68 — Plusieurs Volants et Garnitures de robes en Point de Bruxelles, Point à l'aiguille, Valenciennes, etc.

69 — Deux Volants dentelle de Chantilly.

70 — Dentelles et guipures diverses.

71 — Châle en cachemire de l'Inde.

72 — Ombrelle garnie de dentelle noire.

73 — Ombrelle avec manche en ivoire.

74 — Deux Eventails en écaille et dentelle noire.

75 — Un autre en nacre et dentelle de Bruxelles.

76 — Un autre en ivoire avec peinture.

TAPISSERIES

77 — Très belle suite de Tapisseries anciennes, à sujets inspirés de Boucher et de Huet, avec bordures modernes à fleurs.

1° *La Bonne Aventure.* Au centre, une femme portant un enfant sur son dos, dit la bonne aventure à une jeune fille, près d'elle un petit garçon s'attache à ses jupons; à droite de ce groupe, une petite fille assise à terre près d'un panier de provisions; quelques moutons et une vache, et enfin un monument avec colonnade; à gauche un paysan couché à terre. — H. 2m40; L. 4m13.

2° *Le Moulin à eau.* A gauche, une jeune femme et un enfant sortent du moulin, au bord de la rivière un pêcheur tient sa ligne; à droite un autre pêcheur offre un poisson à une jeune bergère qui garde ses moutons. — H. 2m40; L. 3m37.

3° *Le Repos des Chasseurs.* Au centre, à l'entrée d'un bois, une jeune femme assise sur un tertre cause avec un jeune homme qui tient un fusil; près d'elle, à sa droite, un seigneur également assis les regarde, d'une main il tient une perdrix, de l'autre il caresse son chien, pendant qu'un jeune nègre le débotte; à gauche, un rabatteur et ses chiens; à droite, un piqueur et deux chevaux. — H. $2^{m}40$; L. $3^{m}35$.

4° *Le Cerf-Volant*. A gauche, un enfant garde des moutons, un autre tient un cerf-volant; à droite un paysan offre des poissons à une jeune paysanne assise. — H. $2^{m}40$; L. $2^{m}86$.

5° Jeune Berger jouant de la flûte assis à côté d'une jeune fille, près d'eux un chien. — H. $2^{m}40$; L. $1^{m}37$.

6° Berger et Bergère assis sur des troncs d'arbres. — H. $2^{m}40$; L. $1^{m}35$.

7° Jeune Femme assise sur l'herbe, tenant un oiseau. — H. $2^{m}40$; L. 1^{m}.

8° Paysan sur une route. — H. $2^{m}40$; L. $1^{m}24$.

MEUBLES

78 — Bel ameublement de Cabinet de travail en acajou moucheté, garni de bronzes style Louis XVI, fourni par la maison *Fourdinois*, composé de : une Bibliothèque à deux corps à trois vantaux pleins et trois vantaux vitrés, un Bureau plat à tiroirs sur les côtés, une Table-Bureau, un Meuble à hauteur d'appui renfermant un Coffre-fort, deux Etagères, un Fauteuil et quatre Fauteuils recouverts en drap vert à ornements noirs.

79 — Grand Bureau plat avec tiroirs sur les bas côtés de même bois et de même travail que l'ameublement qui précède.

80 — Un Canapé-Lit et deux Fauteuils confortables en drap vert.

81 — Ameublement de salle à manger, en bois noir sculpté fourni par la maison *Fourdinois*, composé de : un grand Buffet à crédence et vitrine, le bas à quatre vantaux pleins, une Table ovale sur un seul pied, une Table rectangulaire, deux Consoles et dix-huit Chaises couvertes en maroquin.

82 — Bel Ameublement de chambre à coucher en bois noir orné de cuivre style Louis XVI, fourni par la maison *Fourdinois*, composé de : un Lit, une Armoire à trois vantaux à glace, une Commode à trois corps de tiroirs, un Chiffonnier renfermant un Coffre-fort de Fichet, une Table de nuit et une petite Table.

83 — Beau Bureau de dame en bois d'amarante et bois noir garni de bronzes style Louis XVI. Il est surmonté d'un dessus à une porte à glace entre deux corps de tiroirs.

84 — Beau Bureau toilette en palissandre et bois rose orné de bronzes avec dessus de marbre et glace psyché.

85 — Ameublement de Cabinet de toilette en chêne blanc vernis, fourni par la maison *Fourdinois*, composé de : une Armoire à trois portes à glace, deux grandes Toilettes à dessus de marbre avec glace, une Table rectangulaire et une Etagère.

86 — Un Chiffonnier et une Toilette à tiroirs, à dessus de marbre et glace en pitchpin.

87 — Bureau ministre en acajou.

88 — Beau Fauteuil de bureau en bois d'amarante.

89 — Diverses petites Tables de fantaisie en bois rose, marqueterie, thuya, etc.

90 — Sièges divers de fantaisie recouverts en soie velours, reps, broderie.

91 — Grande Armoire à deux vantaux et un tiroir, en bois sculpté et marqueterie de bois de travail hollandais, garnie d'assiettes et soucoupes en vieux Chine encastrées.

92 — Grand Paravent à quatre feuilles en marqueterie de bois à fleurs et insectes, garni d'assiettes en vieux Chine encastrées.

93 — Grand Horloge hollandaise en marqueterie de bois et bois sculpté, mouvement à musique.

94 — Grande Armoire à deux vantaux en bois sculpté du temps de Louis XIV, ferrures en fer.

95 — Grande Armoire à deux vantaux en bois sculpté du temps de Louis XV, ferrures en cuivre.

96 — Beau Miroir à barbe en bois noir sculpté, style Louis XVI.

97 — Deux Socles style chinois en bois sculpté de forme haute.

98 — Liseuse en bois noir gravé.

99 — Jolie Table jardinière en bois rose et marqueterie, ornée de bronzes.

100 — Table forme haricot en marqueterie de bois.

101 — Tabouret en bois sculpté style Louis XVI, recouvert en soie de Chine brodée.

102 — Divers autres Meubles.

BRONZES, ÉMAUX CLOISONNÉS

103 — Belle Garniture de cheminée en bronze ciselé, doré et émail cloisonné, fournie par la Maison *Barbedienne*, composée d'une Pendule surmontée d'un vase, deux Vases-Candélabres à neuf lumières et deux Flambeaux.

104 — Belle Garniture de cheminée en marbre griotte et bronze doré, fournie par la Maison *Paillard*, composée d'une Pendule à figures de femmes terminées en rinceaux et deux Candélabres à treize lumières.

105 — Belle paire de Chenets en bronze, Pare-Étincelle éventail, etc.

106 — Plusieurs autres paires de Chenets en bronze.

107 — Belle Suspension à une lampe et douze lumières, en bronze doré et nickelé.

108 — Paire d'Appliques à six lumières assorties à la suspension.

109 — Lustre d'antichambre à six lumières, en fer forgé peint et doré, et bronze doré.

110 — Petit Lustre à six lumières, en bronze.

111 — Suspension jardinière à six lumières, en faïence et bronze.

112 — Suspension d'antichambre en bronze, système à gaz, à une lampe et six lumières.

113 — Pièce de milieu de Surtout composée d'un Plateau et d'un Cornet en cristal de Baccarat, sur pied en bronze doré et argenté, à figure d'amour.

114 — Belle Statuette de Pallas, casquée et armée de la lance et du bouclier, en bronze doré et argenté, avec tunique en marbre rouge antique. Œuvre de *Klagmann*, sculpteur (1865). Travail de la Maison *Victor Paillard* et *Romain*.

115 — Belle Coupe en onyx d'Algérie avec monture à panthères et grappe de raisin, en bronze doré et émail cloisonné.

116 — Paire de Lampes assorties à la coupe précédente.

117 — Paire de Colonnes en marbre vert de mer, avec socles et tablettes en marbre noir, garnis de moulures et de chapiteaux en bronze.

118 — Pendule de voyage de Aspe.

119 — Garniture de cheminée en marbre rouge et bronze doré, composée de : une Pendule avec buste de femme et deux Flambeaux à figures d'amours.

120 — Garniture de cheminée en bronze et porcelaine genre Sèvres, fond bleu, à médaillons à figures en couleurs, composée de : une Pendule et deux Candélabres à quatre lumières.

121 — Belle Paire de Lampes en bronze argenté, décor style oriental en relief, fournies par la Maison *Barbedienne*.

122 — Belle Paire de Vases en émail cloisonné du Japon, décor à fleurs, monture en bronze, style chinois.

123 — Vase et Plateau en bronze doré et émail cloisonné, de Barbedienne.

124 — Petit Vase à couvercle en bronze gravé.

125 — Ecritoire en bronze.

126 — Paire de Girandoles en fer forgé.

PORCELAINES, FAIENCES, OBJETS D'ART

127 — Deux très grands Vases en porcelaine de Chine, décor en bleu représentant un animal féroce combattant dans une forêt, avec dragon réservé en blanc et se détachant en relief. Socles en bois sculpté.

128 — Deux Vases en faïence émaillée, avec riches montures style chinois, à fruits et fleurs, en bronze doré.

129 — Paire de Vases en porcelaine genre Sèvres, fond bleu, décor or, avec médaillons à figures en couleurs.

130 — Grand Vase en faïence de Choisy-le-Roy, décor style chinois à feuillages, avec ornements dorés.

131 — Deux petits Vases en porcelaine cloisonnée du Japon.

132 — Christ en ivoire sculpté, avec cadre en bois sculpté.

133 — Surtout de table en cristal taillé, composé de : un Plateau de milieu avec porte-bouquet, quatre grands et quatre petits Compotiers.

134 — Objets divers d'étagères et de fantaisie : Plateaux et Coffrets en laque, Encriers, Coupes, Vases et autres Pièces en bronzes français et chinois, Vases en porcelaine et faïence, Groupes et Figurines en porcelaine, Vases, Coupes, Tasses en porcelaine de Chine.

135 — Garniture de cinq Pièces : Cornets et Potiches en faïence hollandaise.

136 — Yatagan et son fourreau, Sabre indien, Arc, etc.

137 — Livres, Albums de Gravures, Lithographies.

TABLEAUX

138 — **F. Bernard.** Marine (Pastel).

139 — **Maurice Blum.** Gardes françaises (Deux petits tableaux).

140 — **H. Gudin.** Marine.

141 — **C. Kuwasseg fils.** Vue d'un Port.

142 — **A. Lang.** Paysage, bords de rivière.

143 — **Jules Léonard.** Le Chien de l'Aveugle.

144 — **Jules Léonard.** Chien et petits oiseaux.

145 — **Gallard Lepinay.** Marine.

146 — **Nicolas Moreau.** Départ pour la Chasse.

147 — **Nicolas Moreau.** Valet gardant un cheval et trois chiens de chasse.

148 — **Paul Tavernier.** Cheval attelé.

149 — **Tchoumakoff.** Tête de Femme.

150 — **Frédéric Walker**. Retour de Chasse.

151 — **École moderne.** Divers autres Tableaux : Marines, Sujets de chasse, etc.

152 — Gravures anglaises et françaises.

APPAREILS PHOTOGRAPHIQUES

153 — Chambre noire 24/30 de Mackenstein en acajou à soufflet, deux Châssis à rideaux, Glace dépolie, un Multiplicateur et ses deux châssis à rideaux, une Glace d'agrandissement, pied et Accessoires.

154 — Chambre noire 13/18 de Derogy, à soufflet, cinq Châssis, son pied et un Sac de touriste.

155 — Gros objectif de Français. (Portrait).

156 — Petit objectif de Français. (Portrait).

157 — Gros Objectif de Dallemeyer. (Vues et groupes).

158 — Petit Objectif de Dallemeyer. (Vues et groupes).

159 — Deux petits objectifs de Derogy (Portraits et groupes).

160 — Trois Lampes à développer.

161 — Cuvettes porcelaine, carton durci et zinc émaillé. — Verres gradués. — Loupes à retouches et de mise au point. — Degradateurs. — Boites à clichés. — Laveuses à clichés et épreuves. — Boîte à retouche. — Boîte à papier sensible. — Châssis de tirage. — Chevalets à clichés.

RIDEAUX, TAPIS, LITERIE, LINGE

162 — Rideaux de croisées, de portières et de lit en drap et applications, reps, damas et satin laine.

163 — Grands Tapis en moquette, Carpettes.

164 — Bonne Literie.

165 — **LINGE :** Quantité de beau Linge de table, de lit, de toilette et de cuisine. Rideaux de vitrage.

MOBILIER DE BUREAU

166 — Meubles de Bureaux en chêne et acajou : Bureaux, Tables, Casiers, Cartonniers, Sièges divers.

167 — Deux Coffres-forts de Motheau.

168 — Roue de tirage à obligations.

169 — Objets divers.

www.ingramcontent.com/pod-product-compliance
Ingram Content Group UK Ltd.
Pitfield, Milton Keynes, MK11 3LW, UK
UKHW022147260726
13993UKWH00005B/2211